Pla… en vue !

Texte : Ann Rocard
Illustrations : Pierre Caillou

Nathan

“Bouchon mon chouchou, ne vois-tu rien venir ?”

I
Une grande découverte

Une capsule spatiale file entre les étoiles : une capsule orange fluo en forme de citrouille.
À l'intérieur se trouve une drôle de petite bonne femme : les cheveux bleus dressés sur la tête, le nez en trompette, les yeux noisette et une grande paire de lunettes !
C'est la sorcière Cacahouète !

La sorcière voyage depuis des années avec Bouchon, son cochon apprivoisé. Un cochon rigolo, vêtu d'une salopette à carreaux !
Elle traverse l'espace, à la recherche d'une planète sur laquelle se poser. Et, chaque jour, elle interroge son cochon chéri :
"Bouchon mon chouchou, ne vois-tu rien venir ?
– Je ne vois que des planètes surpeuplées", grogne le cochon en agitant sa queue en tire-bouchon.

Mais ce matin, Bouchon aperçoit une boule étrange :
“On dirait un gros cochonnet.”
Tip tap top : la sorcière Cacahouète tapote sur le clavier de son ordinateur malin :
“De quoi s’agit-il ?”
... et quelques mots apparaissent sur l’écran :

- o Z-99 : PLANÈTE DÉSERTE
- o ATMOSPHÈRE RESPIRABLE
- o TEMPÉRATURE : 15 DEGRÉS

Ravie, Cacahouète s'écrie :
"C'est exactement ce qu'il nous faut. Il n'y a même pas besoin de scaphandre pour respirer."
La capsule spatiale ralentit et se pose sur la planète Z-99.
La sorcière et son cochon se frottent les mains, tout contents.

La porte coulisse, une échelle glisse automatiquement vers le sol. Et le cochon Bouchon remarque en descendant :
“Cette planète est vraiment bizarre.”
Bouchon n’a pas tort. La planète Z-99 est une grosse boule rocheuse. Pas un brin d’herbe ni une fleur ! Pas un ruisseau ni une mare ! Et le cochon devient rouge de colère :
“Où vais-je prendre mon bain de boue sur cet affreux caillou ?
Cette planète est moche comme un pou.”
Déçue, Cacahouète hoche la tête. Elle est prête à repartir, mais le cochon la retient :
“À quoi cela sert-il d’être une sorcière si tu ne fais jamais rien ?”

“À quoi cela sert-il d’être une sorcière si tu ne fais jamais rien ?”

"Petite graine, pousse, pousse... même s'il n'y a pas de mousse."

II
Un drôle de mélange

Cacahouète réfléchit… Ses cheveux bleus se tortillent dans tous les sens, un peu de fumée verte s'échappe de ses oreilles. Pendant son long voyage, la sorcière Cacahouète a ramassé des graines aux quatre coins de l'Univers : des petites et des grosses, de toutes les formes et de toutes les couleurs.

Au hasard, elle en sort une de sa poche : une graine qui sent le poivre et le citron. Elle la dépose sur le sol et elle attend en chantonnant :

> *"Petite graine, pousse, pousse…*
> *même s'il n'y a pas de mousse.*
> *Un an, un mois, une semaine…*
> *Dépêche-toi, petite graine !"*

Rien ne se passe. Et le cochon s'énerve :

"Tu ferais mieux d'interroger ton ordinateur malin."

Tip tap top... la sorcière remonte dans la capsule et tapote sur le clavier :

“Que faut-il pour faire pousser des graines ?”

Et l’ordinateur répond :

DE LA TERRE

Cacahouète nettoie ses lunettes et saisit son livre de magie, un livre rempli de formules et de recettes.

“J’ai trouvé comment obtenir de la terre !”

Elle rassemble les produits nécessaires. Elle installe ensuite son chaudron malacticocorico sur le sol rocheux de la planète.

Puis elle se concentre avant de se trémousser :

“Pour obtenir de la vraie terre,
il faut mélanger pour de bon
un cornichon-colimaçon
et une langue de dragon,
une pincée de courant d’air
et un grand pot de confiture...
de confiture d’épluchures.
Bachibouzou bachibouzure !”

Aussitôt, le mélange frémit et le chaudron malacticocorico roule de tous les côtés.
De la terre en sort et se répand sur le sol rocheux. De la terre ? Pas du tout ! Quelque chose gronde, bouge, grossit à vue d'œil. On dirait une sorte de volcan miniature…

"Sauve qui peut ! hurle Bouchon. Les sorcières et les cochons d'abord !"

III
L'éruption

Soudain, un bruit énorme retentit… Oui, c'est bien un volcan ! Des cendres, de la lave, des roches rouges et brûlantes jaillissent du cratère.

"Trouve vite une formule", supplie Bouchon qui entraîne Cacahouète à l'abri dans la capsule.

La sorcière tremble comme une feuille. Impossible de réfléchir… L'éruption est de plus en plus violente. La lave va atteindre la capsule spatiale.

"Sauve qui peut ! hurle Bouchon. Les sorcières et les cochons d'abord !"

Au même instant, Cacahouète attrape sur une étagère un flacon de poudre pabobobizouyo, la poudre qui arrête les tempêtes et les catastrophes naturelles.

Sans hésiter, la sorcière lance la poudre pabobobizouyo dans le cratère en récitant une formule magique :

"Yo-zou-bi-bo-bo-pa !"

L'éruption semble d'abord redoubler de puissance, puis, avec un sifflement assourdissant, elle diminue peu à peu.

Le sol se couvre alors d'un terreau bien noir.

Bouchon a du mal à retrouver son calme. Son cœur bat à toute vitesse. Mais que s'est-il passé ?

"Je sais, dit Cacahouète, mon pot de confiture d'épluchures devait être périmé. La prochaine fois, je ne dépasserai pas la date d'utilisation.

– Tout ça à cause d'une histoire de date ? ronchonne Bouchon. Je vais en attraper une indigestion."

La sorcière Cacahouète a déjà oublié sa peur. Elle enfonce une nouvelle graine dans la terre et elle attend en chantonnant :

“Petite graine, pousse, pousse...
même s'il n'y a pas de mousse.
Un an, un mois, une semaine...
Dépêche-toi, petite graine !”

Mais rien ne se passe. Pas le moindre changement.

Cacahouète remonte dans la capsule spatiale. L'ordinateur malin a donné plusieurs réponses :

DE LA TERRE
DE L'EAU
DE LA LUMIÈRE
DE LA CHALEUR

Vite, la sorcière Cacahouète plonge le nez dans son livre de magie. Elle rassemble ce qu'il lui faut pour obtenir de l'eau.

“Bravo ! applaudit le cochon. Vive les bains de boue !”

IV

Un vrai paradis

Une heure plus tard, tout est prêt. Il ne reste qu'à prononcer une formule au-dessus du chaudron malacticocorico :

"Pour faire couler un ruisseau,
il faut mélanger sans trembler
deux écailles de poissons-clés,
un rayon de lune argenté,
quatre notes d'un chant d'oiseau,
et des larmes de crocodile...
d'un crocodile aux gros sourcils.
Bachibouzou bachibouzil !"

Un torrent d'eau claire jaillit du chaudron et serpente sur la planète.

"Bravo ! applaudit le cochon. Vive les bains de boue !

Et la lumière ? Et la chaleur ? Tu n'as pas fini.

– Sois un peu patient", dit la sorcière en riant.

Pour la lumière, pas besoin d'ingrédients !
Chaque jour, un soleil de feu brille au-dessus de la planète Z-99.
Chaque nuit, on ne le voit plus, car Z-99 tourne,
tourne sur elle-même comme toutes les planètes de l'Univers...
La nuit, il fait froid, un froid de canard... mais au matin,
le soleil est de retour, réchauffant la planète Z-99
et ses nouveaux habitants.

Cacahouète a semé des graines un peu partout. Fatiguée,
elle finit par s'endormir dans sa capsule spatiale.
Le lendemain, Bouchon la secoue comme un prunier :
“Debout, sorcière chérie ! Tu as réussi !”
Ça alors ! Les graines ont poussé, poussé... Des fleurs multicolores
parfument l'air. Le ruisseau scintille entre les herbes. Des arbres
s'élèvent dans les prés.
Il y a des plantes des quatre coins de l'espace... et même
une mare de boue !

Sans hésiter, la sorcière suspend son hamac entre un sapin et un bananier, et elle commence à chanter :

“Mon voyage est terminé...
Youpi youpi youpi yé !
On a enfin découvert
au milieu de l’Univers
une planète fleurie,
un vrai petit paradis !
Venez tous, venez bien vite !
Je vous invite.”

Des voyageurs de l'espace entendent cette invitation.
La semaine suivante, une fusée vert pomme se pose sur la planète Z-99. Et qui en descend ?
Les meilleurs amis de la sorcière : Léo et son orchestre de rock-à-la-coque ; les fées jumelles Lili et Lulu Labaguette ; Alfredo le poète et son ver de terre qui parle en vers !
Alors tous félicitent Cacahouète qui rougit de plaisir et dit :
"Bienvenue chez nous !
– Et que la fête commence !" ajoute Bouchon, son cochon chouchou.

Des voyageurs de l'espace entendent cette invitation.

Doc

Des images à découvrir

Oasis de Timia, au Niger.

De l'eau…

© MARGE / SUNSET

Un torrent en Savoie.

© Hervé Champollion / TOP

Un ruisseau dans le Morvan.

© J.-P. Delobelle / Bios

Une rivière,
Le Doubs.

Des fleurs

© Archives Larbor

Delphiniums, Igor Emmanuelovitch GRABAR, 1908.

Conforme à la loi du 16 juillet 1949 sur les publications destinées à la jeunesse
Dépôt légal : janvier 2008 - ISBN : 978-2-09-121670-6
Imprimé en France par IME - N° d'éditeur : 10148769